D1084927

HISTORIETAS JUVENILES: MISTERIOS™

EL TRIÁNGULO DE LAS BERMUDAS

La desaparición del vuelo 19

Jack DeMolay

Traducción al español:
José María Obregón

PowerKiDS press™ **&** **Editorial Buenas Letras**™

New York

Published in 2009 by The Rosen Publishing Group, Inc.
29 East 21st Street, New York, NY 10010

First Edition

Editors: Melissa Acevedo and Joanne Randolph
Book Design: Ginny Chu
Illustrations: Q2A

Library of Congress Cataloging-in-Publication Data

DeMolay, Jack.
  [Bermuda Triangle : the disappearance of Flight 19. Spanish]
  El triángulo de las Bermudas: la desaparicíon del vuelo 19 / Jack DeMolay ;
traducción al español, José Maria Obregón. – 1st ed.
      p. cm. – (Historietas juveniles: misterios)
  Includes index.
  ISBN 978-1-4358-2535-2 (library binding)
  1. Bermuda Triangle–Juvenile literature. 2. Aircraft accidents–Bermuda Triangle–Juvenile literature. 3. Taylor, Charles, 1917-1945–Juvenile literature. 4. Air pilots, Military–United States. I. Title.
  G558.D4618 2009
  001.94–dc22
                                    2008010192

Manufactured in the United States of America

Contenido

EL TRIÁNGULO DE LAS BERMUDAS: LA DESAPARICIÓN DEL VUELO 19

EL **LEGENDARIO** TRIÁNGULO DE LAS BERMUDAS ES UNA MISTERIOSA ZONA EN EL OCÉANO ATLÁNTICO...

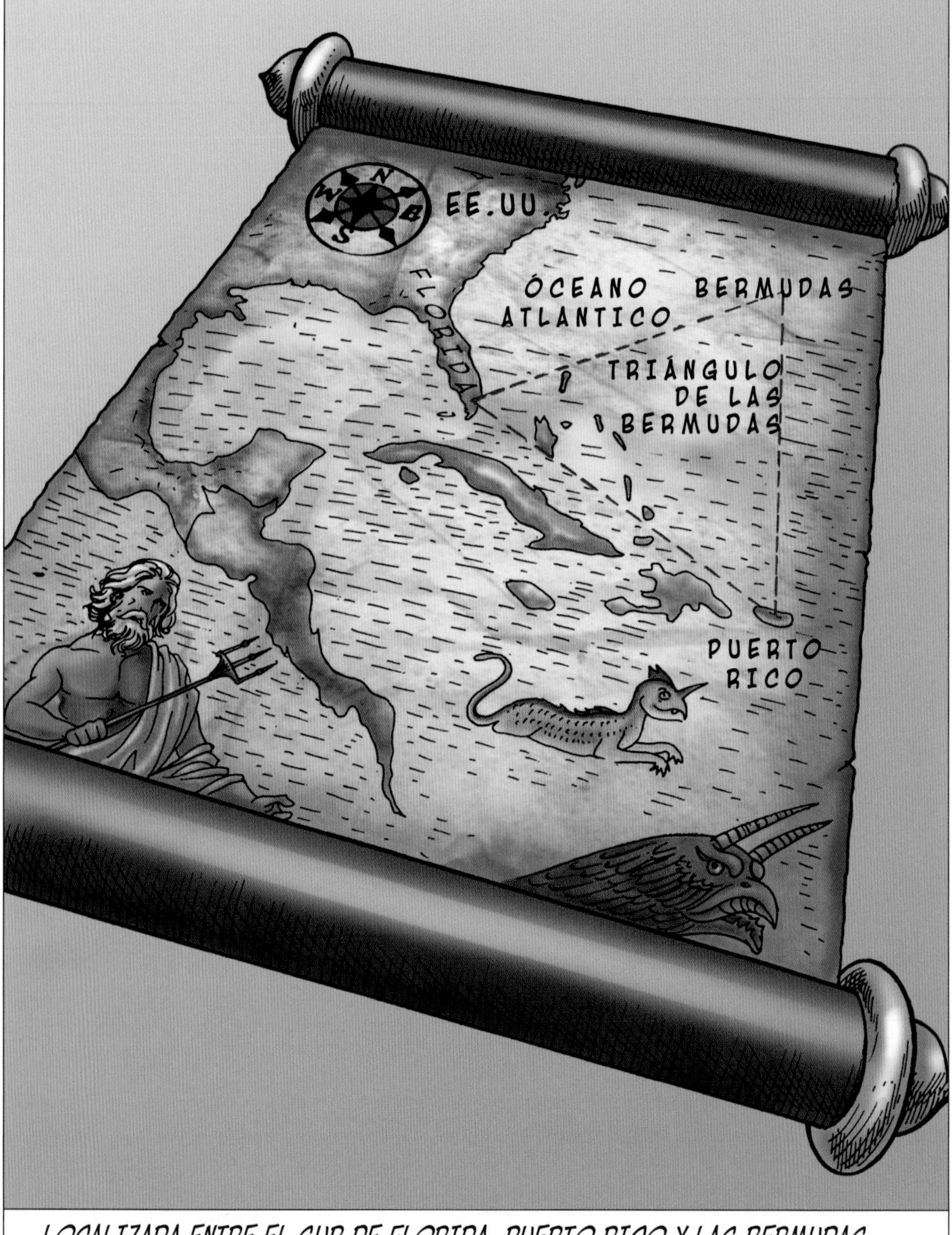

N
S
W
B
EE.UU.
FLORIDA
ÓCEANO ATLANTICO
BERMUDAS
TRIÁNGULO DE LAS BERMUDAS
PUERTO RICO

...LOCALIZADA ENTRE EL SUR DE FLORIDA, PUERTO RICO Y LAS BERMUDAS.

EL **MITO** DEL TRIÁNGULO DE LAS BERMUDAS COMENZÓ EN LOS AÑOS CINCUENTA.

MUCHOS PERIÓDICOS PUBLICARON HISTORIAS DE BARCOS Y AVIONES "QUE DESAPARECÍAN MISTERIOSAMENTE" CERCA DE LAS BERMUDAS.

¡EXTRA! ¡EXTRA! ¡OTRO BARCO DESAPARECE EN LAS BERMUDAS!

¿OTRA DESAPARICIÓN?

ESTA ZONA DEL OCÉANO, EN FORMA DE TRIÁNGULO, COMENZÓ A CONOCERSE COMO UN **CEMENTERIO** DE AVIONES Y BARCOS DESAPARECIDOS.

MUCHAS PERSONAS CREEN QUE UNA CLASE DE **VÓRTICE SOBRENATURAL** ERA EL CAUSANTE DE LAS DESAPARICIONES.

¿PODRÍA SER QUE LAS DESAPARICIONES SE DEBIERA A LA PRESENCIA DE SERES **EXTRATERRESTRES**?

ALGUNAS PERSONAS CREEN QUE LOS EXTRATERRESTRES USABAN EL TRIÁNGULO COMO SU BASE EN LA TIERRA.

LA HISTORIA MÁS FAMOSA DEL TRIÁNGULO DE LAS BERMUDAS ES LA DESAPARICIÓN DEL VUELO 19.

ÉSTE ES UNO DE LOS PRIMEROS EVENTOS QUE LE DIERON AL TRIÁNGULO SU MISTERIOSA **REPUTACIÓN**.

EL 5 DE DICIEMBRE DE 1945, CINCO AVIONES TIPO AVENGER DESPEGARON DE LA BASE NAVAL DE FORT LAUDERDALE EN FLORIDA.

NADIE VOLVIÓ A SABER NADA SOBRE ESTOS PILOTOS.

CATORCE HOMBRES SE ENCONTRABAN A BORDO.

¡ATENCIÓN!

EL **TENIENTE** CHARLES TAYLOR ERA EL LÍDER DE LA MISIÓN.

TAYLOR CONOCÍA MUY BIEN LA FLORIDA.

SIN EMBARGO, TAYLOR NO CONOCÍA MUY BIEN LAS BAHAMAS.

ÉSTA ERA LA ZONA POR LA QUE VOLARÍA EL VUELO 19.

ESE MISMO DÍA, UN **PILOTO** Y SU INSTRUCTOR DE VUELO SE PREPARABAN PARA ATERRIZAR EN FORT LAUDERDALE, FLORIDA.

Todo listo para su aterrizaje.

CUANDO ESCUCHARON UNA TRANSMISIÓN DE RADIO DEL VUELO 19.

¿Hola? ¿Hola? ¿Me escuchan?

Nn-no sé dónde estamos. Somos parte del Vuelo 19. Creo que nos perdimos al dar una vuelta.

¡NECESITAN AYUDA!

LOS HOMBRES ESPERARON OTRA SEÑAL DEL VUELO 19.

FINALMENTE, HUBO OTRA LLAMADA.

¡Socorro! ¡Socorro! Les habla el Teniente Taylor del Vuelo 19.

Estamos perdidos y parece que nuestras **brújulas** no están funcionando.

QUÉ RARO.

CREO QUE ESTAMOS CERCA DE LOS CAYOS DE FLORIDA, PERO NO SÉ COMO REGRESAR A LA BASE.

EL PILOTO LES DIJO QUE TENÍAN QUE VIAJAR AL NORTE.

PERO LOS AVENGERS NO ESTABAN CERCA DE LOS CAYOS DE FLORIDA.

Y, VOLAR AL NORTE SÓLO LOS LLEVÓ A MÁS Y MÁS PELIGRO.

EN EL AEROPUERTO, MUY PRONTO SE DIERON CUENTA DE QUE EL VUELO 19 NO ESTABA DONDE HABÍAN PENSADO.

EL VUELO 19 ESTABA COMPLETAMENTE PERDIDO.

AL ANOCHECER, LA TRANSMISIÓN DE RADIO EMPEORÓ.

Vamos a tratar >-gzzhh!-< volar al noreste por un tiempo >-gzzhh!-< luego al norte.

11

LOS AVIONES CONTINUARON SU CURSO HACIA EL NORTE. EL TENIENTE TAYLOR TRATÓ DE HACER CONTACTO POR LA RADIO.

SEGUIMOS EN CURSO.

A LOS AVENGERS SE LES COMENZÓ A ACABAR EL COMBUSTIBLE. EL TENIENTE TAYLOR TRATÓ DE DARLE **VALOR** A SUS HOMBRES.

SÓLO QUIERO DECIRLES QUE NO IMPORTA LO QUE SUCEDA, HA SIDO UN HONOR VOLAR A SU LADO.

SI A UNO SE LE ACABA EL COMBUSTBLE, CAEREMOS TODOS JUNTOS.

¡De acuerdo Teniente!

EL MAL TIEMPO COMENZÓ A LLEGAR SOBRE LA FLORIDA.

WEEOOO WEEOO

NADIE SABÍA DÓNDE ESTABA EL VUELO 19.

¡QUIZÁS ESTÁN SOBRE LAS BAHAMAS!

¡O EN PUERTO RICO!

MIENTRAS TANTO, LOS AVIONES TENÍAN MÁS Y MÁS PROBLEMAS PARA ESTABLECER CONTACTO EN LA RADIO.

EL TENIENTE TAYLOR TEMÍA, QUE DE SEGUIR INTENTANDO, PERDERÍAN CONTACTO POR COMPLETO. TAYLOR ORDENÓ A SUS HOMBRES NO TOCAR SUS RADIOS.

POR UN MOMENTO, LA MARINA PENSÓ QUE HABÍA LOCALIZADO EL VUELO 19.

¡AHÍ! ¡LOS TENGO EN EL RADAR!

¡ESTÁN CERCA DE NEW SMYRNA BEACH, FLORIDA!

¡HAY QUE LLAMAR AL EQUIPO DE RESCATE!

EL PRIMER AVIÓN QUE SALIÓ AL RESCATE FUE UN HIDROAVIÓN DUMBO.

VURRRRMMMM

MUY PRONTO, LA BASE PERDIÓ CONTACTO CON EL DUMBO.

LA BASE PENSÓ QUE EL AVIÓN DE RESCATE TAMBIÉN SE HABÍA PERDIDO.

EL DUMBO HIZO CONTACTO CON LA BASE POR LA RADIO.

¿Me escuchan? ¡Mi **antena** se congeló!

FUE UN ALIVIO ESCUCHAR LA TRANSMISIÓN DEL DUMBO, PERO ESTO NO CAMBIÓ EL HECHO DE QUE 14 HOMBRES SEGUÍAN PERDIDOS EN EL OCÉANO.

OTROS AVIONES SE UNIERON AL RESCATE.

EL MAL TIEMPO SEGUÍA EMPEORANDO.

¿JEFE? UNO DE LOS AVIONES DE RESCATE NO RESPONDE NUESTRO LLAMADO.

LUEGO, UN BARCO EN EL OCÉANO ATLÁNTICO VIO UNA EXPLOSIÓN EN EL MAR.

SE CREE QUE ÉSTE ERA UNO DE LOS AVIONES DE RESCATE. NUNCA FUE HALLADO.

¡NO VEO NADA!

PARA ENTONCES, A LOS AVIONES DEL VUELO 19 SE LES HABÍA ACABADO EL COMBUSTIBLE.

EL ÚLTIMO CONTACTO POR RADIO CON EL TENIENTE FUE UN POCO DESPUÉS DE LAS 7:00 P.M.

LA BÚSQUEDA DE LOS AVENGERS CONTINUÓ HASTA EL DÍA SIGUIENTE.

LOS EQUIPOS DE RESCATE NO ENCONTRARON NADA.

AL DÍA DE HOY, NO SE HA ENCONTRADO RASTRO DEL VUELO 19.

MESES DESPUÉS, UNA **INVESTIGACIÓN** DE LA MARINA CULPÓ AL TENIENTE TAYLOR POR LA DESAPARICIÓN DEL VUELO 19.

LA FAMILIA DE TAYLOR PROTESTÓ LA DECISIÓN DE LA MARINA. LA MARINA CAMBIÓ SU DECISIÓN A "CAUSAS DESCONOCIDAS".

LO QUE SÍ SE SABE ES QUE LOS AVIONES DEL VUELO 19 ERAN MUY PESADOS.

SI ALGUNO DE ELLOS HUBIERA CAÍDO EN EL OCÉANO ESTARÍA SUMERGIDO.

ESTO EXPLICARÍA POR QUÉ NO SE HAN ENCONTRADO RESTOS DE LOS AVIONES.

LAS HISTORIAS SOBRE EL MISTERIOSO LUGAR DONDE DESAPARECIÓ EL VUELO 19 SE HICIERON MUY POPULARES. EL MITO DEL TRIÁNGULO DE LAS BERMUDAS HABÍA COMENZADO.

CON FRECUENCIA LA GENTE HA MENTIDO SOBRE LAS ÚLTIMAS PALABRAS DEL TENIENTE TAYLOR.

TAYLOR DIJO: "¡OH NO! ¡PARECEN SERES EXTRATERRESTRES!"

TAYLOR NUNCA HABLÓ DE ESTA MANERA. AÚN ASÍ, MUCHAS PERSONAS CREEN QUE LO QUE SUCEDIÓ TIENE QUE VER CON ALGO SOBRENATURAL.

LA DESAPARICIÓN DEL VUELO 19 HA SIDO TEMA, INCLUSO, DE PELÍCULAS.

EN 1986, DURANTE LA BÚSQUEDA DEL TRANSBORDADOR ESPACIAL SE HALLARON PIEZAS DE UN AVIÓN AVENGER CERCA DE FLORIDA.

HASTA AHORA, NO SE HA DEMOSTRADO QUE HAYAN SIDO PIEZAS DEL VUELO 19.

AÑOS MÁS TARDE, SE HALLARON LAS PIEZAS DE CINCO AVENGERS.

LOS **NÚMEROS DE SERIE** DE ESTOS AVIONES NO COINCIDIERON CON LOS DEL VUELO 19.

EL 18 DE OCTUBRE DE 2005, EL CONGRESO AUTORIZÓ UNA RESOLUCIÓN QUE RECONOCÍA EL SESENTA ANIVERSARIO DE LA DESAPARICIÓN DEL VUELO 19.

HOY RECORDAMOS A QUIENES DESAPARECIERON Y PROMETEMOS SEGUIR BUSCANDO UNA EXPLICACIÓN A ESTE MISTERIO.

¿EL VUELO 19 VOLÓ HACIA UN VÓRTICE SOBRENATURAL O SIMPLEMENTE SE ESTRELLÓ EN EL FONDO DEL OCÉANO?

SEA COMO SEA, UN HECHO SIGUE SIENDO REALIDAD.

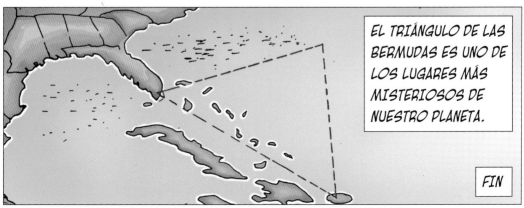

EL TRIÁNGULO DE LAS BERMUDAS ES UNO DE LOS LUGARES MÁS MISTERIOSOS DE NUESTRO PLANETA.

FIN

¡Sabías que...?

- El nombre del "Triángulo de las Bermudas" fue inventado por Vincent H. Gaddis. Gaddis utilizó este nombre por primera vez en un artículo que escribió para la revista Argos, en 1964.

- Los aviones Avenger, como los desaparecidos, fueron muy útiles para los Estados Unidos durante la Segunda Guerra Mundial. Los Avenger pueden viajar a una velocidad de 276 millas (444 km) por hora.

- Muchas personas tienen diferentes ideas sobre lo que ha causado la desaparición de aviones y barcos en el Triángulo de las Bermudas. Estas incluyen: seres extraterrestres, mareas, remolinos y pulpos gigantes.

- Muchas personas creen que el misterio del Triángulo de las Bermudas es un mito. Según ellas, es un mito que comenzó cuando algunas personas contaron historias que eran mentiras.

Glosario

antena (la) Un objeto de metal que se usa para enviar y recibir señales.

brújulas (las) Herramientas que se usan para saber en que dirección está el Norte.

cementerio (el) Un lugar en el que se entierra a los muertos.

extraterrestres (los) Seres de otros mundos.

investigación (la) Cuando se busca información acerca de un evento para explicar los hechos.

leyenda (la) Una historia que pasa de persona en persona por muchos años.

mito (el) Una historia inventada para explicar un evento.

números de serie (los) Números que se colocan en algunos objetos para que se puedan localizar en caso de pérdida o robo.

piloto (el, la) Una persona que puede conducir aviones.

radar (el) Una máquina que utiliza ondas de radio y de sonido para localizar objetos.

reputación (la) Las ideas que tenemos sobre otras personas, animales u objetos.

rescate (el) Acción de salvar algo o alguien de un peligro.

teniente (el, la) Un grado en el ejército.

valor Determinación, valentía.

vórtice sobrenatural (el) Una tormenta, como un tornado, que viene de un mundo desconocido.

Índice

Sitios Web

Debido a los constantes cambios en los enlaces de Internet, Rosen Publishing Group, Inc. mantiene una lista de sitios relacionados al tema de este libro. Esta lista se actualiza regularmente y puede ser consultada en el siguiente enlace: www.powerkidslinks.com/jgm/bermuda/